CE QUE DOIT FAIRE

un Ouvrier

en cas d'accident

POUR BÉNÉFICIER

DE LA LOI DU 9 AVRIL 1898

SUR

LES ACCIDENTS DU TRAVAIL

PAR

Fernand BRUGEILLES

DOCTEUR EN DROIT,

INSPECTEUR PRINCIPAL AU CONTENTIEUX DES CHEMINS DE FER DU MIDI

BORDEAUX

G. GOUNOUILHOU, IMPRIMEUR

11, RUE GUIRAUDE, 11

1900

CE QUE DOIT FAIRE

Un Ouvrier
en cas d'accident

POUR BÉNÉFICIER

DE LA LOI DU 9 AVRIL 1898

SUR

LES ACCIDENTS DU TRAVAIL

PAR

Fernand BRUGEILLES

DOCTEUR EN DROIT,

INSPECTEUR PRINCIPAL AU CONTENTIEUX DES CHEMINS DE FER DU MIDI

———◆✦◆———

BORDEAUX

G. GOUNOUILHOU, IMPRIMEUR

II, RUE GUIRAUDE, II

—

1900

TABLE DES MATIÈRES

CHAPITRE IV

Réparation des accidents; indemnités.

CHAPITRE V

Paiement des rentes; cas de rachat.

CHAPITRE VI

Garantie du paiement des indemnités.
Intervention de la Caisse des retraites de la vieillesse.

CHAPITRE VII

Résumé des droits de l'ouvrier blessé.

CE QUE DOIT FAIRE

UN OUVRIER EN CAS D'ACCIDENT

POUR BÉNÉFICIER DE LA LOI DU 9 AVRIL 1898

SUR

LES ACCIDENTS DU TRAVAIL

CHAPITRE PREMIER

Généralité d'application de la loi.

1. — La loi s'applique à toutes les professions, à toutes les industries qui occupent des ouvriers, excepté aux agriculteurs, et encore à la condition qu'ils ne fabriquent pas et ne mettent pas en œuvre des matières explosives et qu'ils travaillent sans faire usage d'une machine mue par une force autre que celle de l'homme ou des animaux.

A quoi s'applique la loi ?

Cela résulte des termes de l'article premier de la loi, tel qu'il a été rédigé à la suite de l'adoption par le Sénat, dans sa séance du 19 mai 1896, d'un amendement de M. Félix Martin.

Certains commentateurs de la loi ont bien mis en question le point de savoir si cet article premier, énonciatif des professions auxquelles la loi s'applique, s'étend bien aux simples ateliers de tailleurs d'habits, de cordonniers, de menuisiers, etc.

M. le Ministre de la justice avait déclaré, dans sa circulaire du 10 juin 1899, que la question pouvait être considérée comme douteuse, et qu'il appartiendrait aux tribunaux de la trancher.

Mais la circulaire de M. le Ministre du commerce, en date du 24 août 1899, a, selon nous, bien et définitivement paré à tout débat sur ce point en interprétant le dit article premier en ce sens que la loi s'applique à tous les ateliers, aussi bien à celui de la modiste, qu'à celui du tailleur ou du menuisier.

Quels sont ceux qui peuvent se prévaloir de la loi? 2. — Peuvent se prévaloir de la loi tous les ouvriers ou employés occupés à un titre quelconque, depuis l'ingénieur jusqu'à l'apprenti, dans l'industrie des bâtiments, les usines, manufactures, ateliers, chantiers, entreprises de transports par terre et par eau, de chargements et de déchargements, magasins publics, mines, minières, carrières et, en outre, dans toute exploitation agricole ou autre dans laquelle sont fabriquées ou mises en œuvre des matières explosives ou dans laquelle il est fait usage d'une machine mue par une force autre que celle de l'homme ou des animaux.

Pour bénéficier de la loi, il faut donc remplir deux conditions : 1º être lié par un contrat de louage ou d'apprentissage avec le chef de l'atelier ou de l'exploitation dans laquelle on travaille; 2º travailler effectivement dans cet atelier ou cette exploitation.

Peu importe que le salaire, traitement ou appointement, soit fixe ou variable, qu'il soit payé à la journée, au mois ou aux pièces.

Les ouvriers travaillant au marchandage doivent être assimilés aux autres parce qu'ils travaillent comme eux sous la surveillance et l'autorité du chef d'entreprise.

3. — Au contraire, le bénéfice de la loi ne peut être invoqué pas un ouvrier qui loue son travail à un particulier. En effet, l'ouvrier est alors son propre patron, personne ne le commande dans son travail, c'est à lui à se préserver des accidents.

Le deuxième paragraphe de l'article premier de la loi a aussi exclu du bénéfice de la loi les ouvriers qui, travaillant seuls d'ordinaire, collaborent accidentellement avec un ou plusieurs de leurs camarades sans que les uns donnent des ordres aux autres. Il n'y a pas, en effet, rapport d'ouvrier à maître entre les ouvriers travaillant ainsi.

4. — C'est à la charge du patron ou chef d'entreprise que la loi met les indemnités qu'elle alloue.

Qu'est-ce qu'un patron ou chef d'entreprise? C'est celui qui a la direction et la surveillance du travail, et qui peut les exercer à son gré sans dépendre de personne.

Le couvreur qui se charge de la réparation de la toiture d'une maison est un patron par rapport aux ouvriers qu'il emploie. Il en a seul la direction et la surveillance.

Toutefois, si ce couvreur travaillait habituellement seul, et ne faisait qu'accidentellement appel à l'aide d'un camarade, ce ne serait pas un vrai patron; il bénéficierait de l'immunité édictée par le deuxième paragraphe de l'article premier.

CHAPITRE II

De l'accident.

Qu'est-ce qu'un accident? 5. — L'accident tel qu'il faut l'entendre dans notre matière, consiste dans une lésion corporelle provenant de l'action soudaine d'une cause extérieure.

C'est la cause extérieure et soudaine qui distingue l'accident de la maladie, laquelle provient d'une cause lente et durable.

On admet dans la pratique qu'il y a accident, non seulement en cas de mort ou de blessure, mais encore dans toutes les hypothèses de lésions corporelles ayant un caractère de soudaineté, tels sont les cas d'asphyxie, d'empoisonnement subit, etc.

On n'admettrait pas, au contraire, qu'il y eût accident dans le cas d'empoisonnement par intoxication lente de matières nuisibles.

L'effet de l'accident peut ne pas être immédiat. Un ouvrier peut ne se ressentir que quelques jours après un accident d'une rupture musculaire, d'une hernie, d'un tour de reins; cette affection n'en sera pas moins la conséquence de l'accident, et il suffira qu'elle en soit la conséquence directe pour motiver l'application de la loi.

M. le député Dron avait présenté en 1899 un amendement à la loi, ainsi conçu : « Les indemnités » ne seront dues qu'aux conséquences directes et » immédiates des accidents, et non pour les suites » d'une opération chirurgicale qui n'aurait pas été » motivée par l'accident lui-même, ni pour les aggra- » vations résultant de lésions ou d'infirmités préexis- » tantes. » Le rapporteur se déclara, au fond, d'accord avec M. Dron, mais le pria de retirer son amendement pour ne pas trop charger la loi.

Il faut en conclure, selon nous, qu'il ne faut tenir compte dans la fixation de l'indemnité que des conséquences directes et immédiates de l'accident, et ne pas allouer, par exemple, l'indemnité afférente aux accidents mortels aux parents de l'ouvrier diabétique, décédé des suites d'une égratignure à la jambe, pas plus qu'il ne faudrait allouer une indemnité d'incapacité de travail absolue à l'ouvrier déjà borgne qui perdrait l'autre œil par suite d'accident. Il n'y aurait lieu d'allouer en ce cas que l'indemnité afférente aux accidents entraînant une incapacité relative. Agir autrement, ce serait exclure du travail dans les ateliers tous les borgnes et tous les diabétiques.

6. — La loi n'est applicable qu'aux accidents survenus par le fait du travail ou à l'occasion du travail, c'est-à-dire lorsque la lésion subie par la victime a une cause inhérente au travail ou qu'elle s'y rattache par un lien plus ou moins étroit. *A quels accidents la loi est-elle applicable?*

La cause d'un l'accident est inhérente au travail lorsque la victime a été atteinte par un acte de l'exercice de sa profession ou qu'étant à son travail, elle a été blessée par le matériel de l'entreprise ou par le fait d'un ouvrier de l'entreprise dont le patron est responsable.

On peut dire qu'un accident est arrivé à l'occasion du travail lorsque c'est l'exercice de la profession qui a directement engendré l'accident ou seulement eu pour effet d'y exposer l'ouvrier ou d'accroître pour lui le danger d'en être victime.

Ainsi, l'ouvrier d'un atelier de chemin de fer qui a mission d'aller chercher un outil dans un autre atelier, et qui, en s'y rendant, est renversé et blessé par une machine, doit être considéré comme blessé *à l'occasion du travail.*

Au contraire, l'ouvrier qui fait une chute et se blesse ou bien est renversé par un tramway en se rendant à son travail, ne peut se prévaloir de bénéficier de la loi; ce n'est pas à l'occasion du travail qu'il a été blessé.

7. — Pourvu que l'accident ait eu lieu par le fait ou à l'occasion du travail, peu importe qu'il ait eu lieu hors de l'établissement industriel ou même en dehors des heures de travail.

Il suffit que l'une de ces deux conditions soit remplie pour que la loi soit applicable.

8. — Si l'événement de force majeure qui a causé l'accident est étranger à l'exploitation industrielle, comme la foudre, l'inondation, le bénéfice de la loi n'est pas applicable aux blessés, à moins que le mal ait été aggravé par l'exercice de l'industrie.

9. — Le cas fortuit, qui se distingue du cas de force majeure en ce qu'il a sa cause dans le fonctionnement même de l'exploitation, engage au contraire la responsabilité du chef d'entreprise. Ainsi l'explosion d'une chaudière arrivée par cas fortuit est un accident qui tombe sous l'application de la loi.

Marginal notes:
Peu importe que l'accident ait eu lieu en dedans ou en dehors de l'établissement industriel.

Cas de force majeure.

Cas fortuit.

CHAPITRE III

Déclaration d'accident. — Enquête et jugement.

10. — Aux termes de l'article 11 de la loi, tout accident ayant occasionné ou plutôt susceptible d'occasionner une incapacité de travail, doit être déclaré dans les quarante-huit heures par le chef d'entre-

Marginal note:
Déclaration de l'accident par le patron et à défaut par l'ouvrier.

prise ou ses préposés au maire de la commune où s'est produit l'accident, qui en dresse procès-verbal.

Cette déclaration doit contenir :

1º Le nom, la profession et la demeure du déclarant ;

2º Les circonstances de l'accident ;

3º Sa date exacte avec indication de l'heure ;

4º Le lieu où il s'est produit ;

5º L'identité de la victime, nom, prénoms, âge, sexe, emploi, demeure ;

6º Sa situation de famille, célibataire, marié ou veuf, avec ou sans enfants légitimes ou reconnus ;

7º Sa situation au point de vue de la nationalité ;

8º La désignation de l'établissement auquel elle était attachée ;

9º Les noms et adresses des témoins ;

10º Un certificat de médecin indiquant l'état de la victime, les suites probables de l'accident, et l'époque à laquelle il sera possible d'en connaître le résultat définitif.

L'ouvrier ou plutôt la victime de l'accident qui craindrait que le patron ne fasse pas la déclaration de l'accident, aurait le droit de la faire lui-même ou de la faire faire par un représentant.

Le maire délivre récépissé de cette déclaration et du certificat du médecin.

11. — Le maire doit donner immédiatement avis de l'accident à l'inspecteur divisionnaire ou départemental de travail ou à l'ingénieur ordinaire des mines chargé de la surveillance de l'entreprise. *Obligations du maire.*

Il doit en outre, lorsque, d'après le certificat médical, la blessure paraît devoir entraîner la mort ou une incapacité permanente absolue ou partielle du travail, transmettre immédiatement copie de la déclaration et le certificat médical au juge de paix du canton où l'accident s'est produit.

Enquête du juge de paix.

12. — Dans les vingt-quatre heures de la réception de cet avis, le juge de paix procède à une enquête à l'effet de rechercher :

1° La cause, la nature et les circonstances de l'accident ;

2° Les personnes victimes et le lieu où elles se trouvent ;

3° La nature des lésions ;

4° Les ayants droit pouvant, le cas échéant, prétendre à une indemnité ;

5° Le salaire quotidien et le salaire annuel des victimes.

L'enquête a généralement lieu sur le théâtre de l'accident.

Le chef d'entreprise, la victime ou ses ayants droit doivent toujours y être convoqués. Si la victime se trouve dans l'impossibilité d'assister à l'enquête, le juge de paix se transporte auprès d'elle pour avoir ses explications.

Clôture et dépôt de l'enquête au greffe

13. — L'enquête, qui doit être commencée dans les vingt-quatre heures qui suivent la réception par le juge de paix de l'avis de l'accident, doit être close dans le plus bref délai et, au plus tard, dans les dix jours à partir de l'accident.

Le juge de paix la dépose au greffe de sa justice de paix et avertit les parties qu'elles ont cinq jours pour en prendre connaissance et s'en faire délivrer expédition.

Convocation du patron devant le Président du Tribunal civil.

A l'expiration de ces cinq jours, le dossier de l'enquête est transmis au président du tribunal civil.

14. — Dans les cinq jours, à partir de la transmission qui lui est faite du dossier de l'enquête, le président du tribunal civil de l'arrondissement convoque à comparaître devant lui, en son cabinet, la victime ou ses ayants droit et le chef de l'entreprise.

Le chef d'entreprise et la victime ou ses ayants droit peuvent soit se présenter en personne, assistés ou non d'un avoué ou d'un avocat, ou bien se faire représenter par un mandataire, qui peut être un avoué ou un avocat.

La procuration donnée par la victime ou par le patron pour le représenter devant le président est exempte de timbre et enregistrée gratis.

15. — S'il y a accord entre les parties sur l'accident, sur les conséquences qu'il a pour la victime et, par suite, sur la réparation qu'il comporte, le président du tribunal rend une ordonnance qui donne acte de cet accord. *Ordonnance d'accord*

L'indemnité se trouve alors définitivement fixée, sauf le cas de revision prévu par l'article 19 de la loi.

16. — Si l'accord n'a pas lieu, le président du tribunal rend une ordonnance par laquelle il renvoie les parties à se pourvoir devant le tribunal, qui est alors appelé à connaître de l'affaire suivant la procédure ordinaire. *Ordonnance de renvoi.*

C'est-à-dire que la victime de l'accident ou ses ayants droit fait assigner le chef d'entreprise devant le tribunal civil en paiement de l'indemnité à laquelle ils croient avoir droit, suivant le cas et le taux de l'article 3 de la loi.

17. — La victime d'un accident étant, la plupart du temps, hors d'état de faire face aux frais de l'instance en justice, l'article 22 de la loi lui accorde de plein droit l'assistance judiciaire. *Procès devant le Tribunal avec l'assistance judiciaire.*

Ce bénéfice de l'assistance judiciaire s'étend de plein droit aux instances devant le juge de paix, à tous les actes d'exécution et à tous les incidents auxquels l'exécution des décisions judiciaires peut donner lieu.

18. — En attendant que le tribunal statue sur l'affaire, et pendant que se font les enquêtes et les expertises auxquelles l'affaire peut donner lieu, la victime reçoit le demi-salaire, c'est-à-dire la moitié du salaire qu'elle touchait avant l'accident.

19. — Mais il est des cas où le demi-salaire ne peut pas suffire à la victime en attendant la solution du procès engagé, par exemple si une opération chirurgicale est nécessaire ou si une cure d'eau thermale est ordonnée.

En ces cas, le tribunal pourra condamner le chef d'entreprise à payer une provision ; sa décision sur ce point sera exécutoire nonobstant appel.

20. — Les demandes relatives à l'allocation des pensions dues en cas de décès et d'incapacité permanente sont portées devant les tribunaux de première instance. Celles en paiement de demi-salaire pour incapacité temporaire et de frais médicaux, pharmaceutiques et funéraires sont portées devant les juges de paix.

21. — Le juge de paix du canton où l'accident s'est produit juge en dernier ressort les contestations qui peuvent s'élever entre patron et ouvrier sur le règlement des indemnités temporaires, c'est-à-dire du demi-salaire dû à l'ouvrier en cas d'incapacité temporaire de travail, comme aussi sur les frais de maladie et les frais funéraires (art. 15 de la loi).

Pour saisir le juge de paix de l'affaire, il faut que la victime de l'accident ou ses ayants droit fasse donner, par ministère d'huissier, une citation au patron.

Afin de faire donner cette citation sans frais avec

le bénéfice de l'assistance judiciaire, il suffira que la victime de l'accident s'adresse au juge de paix, qui invitera le syndic des huissiers à désigner l'huissier qui devra procéder.

22. — Comme on l'a vu plus haut, ce n'est qu'à défaut d'accord entre les parties devant le président du tribunal civil que les affaires relatives au règlement d'indemnités en cas de décès ou d'incapacité permanente sont portées devant le tribunal civil lui-même. *Procédure devant le Tribunal civil.*

C'est l'avoué désigné par l'assistance judiciaire à la victime de l'accident ou à ses ayants droit qui dirige la procédure nécessaire pour faire juger le différend.

23. — Les jugements rendus par les tribunaux de première instance, en matière d'accidents du travail, sont susceptibles d'opposition s'ils sont par défaut, et d'appel s'ils sont contradictoires. *Droit d'opposition et droit d'appel.*

24. — Le délai pour faire opposition à un jugement par défaut est de quinze jours à dater de la signification du jugement à la partie. *Délai pour faire opposition.*

25. — Le délai pour faire appel est de quinze jours à partir de la date du jugement s'il est contradictoirement rendu, et à partir du jour où l'opposition ne sera plus recevable s'il est par défaut (art. 17). *Délai d'appel.*

26. — La Cour statuera d'urgence dans le mois de l'acte d'appel (art. 17). *Délai pour statuer sur l'appel.*

27. — Les parties pourront se pourvoir en cassation dans les deux mois de la signification de l'arrêt de la Cour statuant sur l'appel (art. 17, § 3). *Pourvoi en cassation.*

28. — Les jugements et arrêts rendus en matière d'accidents du travail ne donnent pas droit aux particuliers de prendre inscription d'hypothèque judiciaire. La Caisse des retraites pour la vieillesse a seule le droit de prendre hypothèque pour le rem- *Pas d'hypothèque judiciaire.*

boursement des arrérages de pension par elle avancés aux victimes ou à leurs ayants droit.

Recours contre des tiers. **29.** — La loi du 9 avril 1898 n'a visé que l'action de l'ouvrier contre le patron ; elle a laissé ouverte l'action en indemnité que la victime de l'accident ou ses représentants peuvent avoir à exercer contre les auteurs de l'accident autres que le patron et ses ouvriers ou préposés.

En conséquence, indépendamment de l'action résultant de cette loi, la victime ou ses représentants conservent contre les auteurs de l'accident autres que le patron et ses ouvriers ou préposés, le droit de réclamer la réparation du préjudice causé conformément aux règles du droit commun (art. 7, § 1).

L'indemnité qui leur sera allouée exonérera à due concurrence le chef d'entreprise des obligations mises à sa charge (art. 7, § 2).

Cette action contre les tiers responsables pourra même être exercée par le chef d'entreprise à ses risques et périls au lieu et place de la victime ou de ses ayants droits, si ceux-ci négligent d'en faire usage.

Ainsi un ouvrier peintre, tombé d'une échelle par la faute d'un charretier qui a imprimé un mouvement à celle-ci, a bien une action contre son patron peintre en vertu de la loi de 1898, mais il a aussi un recours contre le charretier en vertu du droit commun, et le bénéfice de cette deuxième action viendra en déduction des charges de la première.

Prescription de l'action en indemnité. **30.** — L'action en indemnité prévue par la loi du 9 avril 1898, se prescrit par un an à dater du jour de l'accident.

En d'autres termes, l'inaction de l'ouvrier victime de l'accident ou de ses ayants droit pendant un an à partir du jour de l'accident, permettrait au patron ou à ses ayants cause poursuivi en paiement d'indemnité d'opposer la prescription.

31. — Il peut y avoir lieu à revision de l'indemnité fixée, soit que l'état de la victime de l'accident ait empiré et que son incapacité de travail partielle se soit transformée en incapacité absolue, soit, en sens inverse, que son état se soit amélioré et que d'absolue son incapacité soit devenue relative et partielle, soit enfin que la victime soit décédée.

Revision de l'indemnité d'accident en cas d'amélioration ou d'aggravation.

L'article 19, prévoyant les uns et les autres de ces cas, décide que la demande en revision fondée sur une aggravation ou sur une atténuation de l'infirmité de la victime ou son décès par suite des conséquences de l'accident, est ouverte pendant trois ans à partir de l'accord intervenu entre les parties ou de la décision définitive.

32. — En prévision de ce cas, le même article 19 décide que le titre de pension n'est remis à la victime qu'à l'expiration de trois ans.

Remise du titre de pension.

CHAPITRE IV

Réparation des accidents. Indemnités.

33. — Le chef d'entreprise supporte, dans tous les cas d'accidents prévus par la loi du 9 avril 1898, sauf dans les cas d'accidents suivis d'une incapacité de travail de quatre jours au plus, les frais médicaux et pharmaceutiques et les frais funéraires (art. 4, § 1).

Frais médicaux et funéraires à la charge des patrons.

Les frais funéraires sont évalués à la somme de 100 francs au maximum. C'est dire que le chef d'entreprise en paie le montant, mais jusqu'à concurrence de 100 francs seulement (art. 4, § 1).

Quant aux frais médicaux et pharmaceutiques, si le chef d'entreprise a fait choix lui-même du médecin qui doit les ordonner, c'est son affaire de les régler comme il l'entend avec le médecin et le pharmacien.

Mais si c'est la victime de l'accident qui a fait choix elle-même de son médecin, le chef d'entreprise n'est tenu de payer les frais médicaux et pharmaceutiques que jusqu'à concurrence de la somme fixée par le juge de paix du canton, conformément aux tarifs adoptés dans chaque département pour l'assistance médicale gratuite (art. 4, § 2).

Si le blessé est traité à l'hôpital, le chef d'entreprise doit les frais médicaux et pharmaceutiques, mais non les autres dépenses de séjour et de nourriture.

Indemnité en cas d'incapacité temporaire.

Indemnité en cas d'incapacité temporaire. **34.** — Si l'accident n'a entraîné qu'une incapacité temporaire de travail (qu'elle soit partielle ou totale, peu importe) de moins de cinq jours, le patron ou chef d'entreprise ne doit rien à l'ouvrier, pas même les frais médicaux.

Mais à partir du cinquième jour d'incapacité de travail, quelle qu'en soit la durée, il lui doit une indemnité journalière égale à la moitié du salaire quotidien qu'il touchait au moment de l'accident.

Cette indemnité journalière doit-elle être payée même pour les jours fériés? M. le Ministre du commerce, dans sa circulaire du 24 août 1899, se prononce pour l'affirmative.

Nous pensons que l'intention du législateur ayant été d'allouer au blessé la moitié de ce qu'il touchait en travaillant, le demi-salaire devra être payé pour les jours fériés aux ouvriers payés au mois et pour les jours non fériés seulement aux ouvriers payés à la journée, à moins que ces ouvriers travaillassent les jours fériés.

Ce demi-salaire devra être payé par quinzaine échue, si le salaire était payé à la quinzaine.

Indemnité en cas d'incapacité partielle et permanente.

35. — Si l'accident a entraîné pour la victime une incapacité de travail partielle et permanente, elle aura droit à une rente égale à la moitié de la réduction que l'accident aura fait subir à son salaire. Indemnité en cas d'incapacité partielle et permanente

Ainsi, supposons un ouvrier amputé d'un doigt et dont la capacité de travail se trouve ainsi réduite d'un quart. Il gagnait annuellement 1,200 francs avant l'accident; il n'en gagne plus que 900 après. Son salaire annuel se trouvant réduit annuellement de 300 francs, la rente à lui faire par le patron devra être de 150 francs.

Indemnité en cas d'incapacité absolue et permanente.

36. — Pour l'incapacité absolue et permanente de travail, l'article 9 de la loi alloue à l'ouvrier blessé une rente égale aux deux tiers de son salaire annuel, c'est-à-dire, suivant l'explication qui est donnée par l'article 10, aux deux tiers du salaire que l'ouvrier a touché pendant les douze mois qui ont précédé l'accident (art. 9, § 2). Indemnité en cas d'incapacité absolue et permanente

37. — Si au cours de ces douze mois l'ouvrier a subi des chômages ou fait des absences, le salaire annuel à prendre pour base de l'indemnité doit s'entendre de la rémunération effective qu'il a reçue, augmentée de la rémunération moyenne qu'ont reçue, pendant la période nécessaire pour compléter les douze mois, les ouvriers de la même catégorie (art. 10, § 2). Détermination du salaire.

Si le travail n'est pas continu, le salaire annuel est calculé tant d'après la rémunération reçue pendant la période d'activité, que d'après le gain de l'ouvrier pendant le reste de l'année (art. 10, § 3).

Comme on le voit, l'indemnité se calcule ici d'une façon différente qu'en matière d'incapacité temporaire.

C'est le salaire quotidien qui sert de base aux indemnités temporaires à payer jour par jour.

C'est le salaire annuel qui sert à déterminer la pension en cas d'incapacité permanente ou de mort.

Pour déterminer ce salaire annuel, il faut envisager trois hypothèses :

1º Si l'ouvrier a été occupé dans l'entreprise durant les douze mois qui ont précédé l'accident, il n'y a qu'à compter la rémunération effective qui lui a été allouée pendant ce temps soit en argent, soit en nature ; il ne peut y avoir, en ce cas, de difficulté. Il a par exemple gagné durant ces douze mois 1,200 francs : son salaire annuel est donc de 1,200 francs ;

2º Si l'ouvrier n'a été occupé dans l'entreprise que durant six mois avant l'accident, il faut compter ce qu'il a gagné durant ces six mois, par exemple 600 francs, et ajouter à ces 600 francs la rémunération moyenne qu'ont reçue pendant les autres six mois les ouvriers de la même catégorie. Si on trouve par exemple que ces ouvriers ont reçu en moyenne 500 francs, il faudra dire que le salaire annuel du blessé est de 1,100 francs.

3º Si l'ouvrier n'est occupé, par exemple, que six mois dans l'usine où il gagne 100 francs par mois, ce qui fait 600 francs pour les six mois, et s'il travaille le reste du temps dans une autre industrie où il ne gagne que 60 francs par mois, soit 360 francs par semestre, il faudra dire que le salaire annuel devant servir de base à l'indemnité est de 960 francs.

Il est entendu que les causes accidentelles d'interruption du travail ne doivent pas être tenues en compte.

38. — L'article 8 de la loi a établi un mode de calcul spécial de l'indemnité des apprentis. Il est ainsi conçu : Fixation des indemnités pour les apprentis.

« Le salaire qui servira de base à la fixation de l'indemnité allouée à l'ouvrier âgé de moins de seize ans ou à l'apprenti victime d'un accident, ne sera pas inférieure au salaire le plus bas des ouvriers valides de la même catégorie occupés dans l'entreprise.

» Toutefois, dans le cas d'incapacité temporaire, l'indemnité de l'ouvrier âgé de moins de seize ans, ne pourra pas dépasser le montant de son salaire. »

Indemnité en cas de mort.

39. — Lorsque l'accident est suivi de mort, la loi accorde une pension à la veuve et aux enfants, et même, à défaut de veuve et d'enfants, aux ascendants de la victime. Indemnité en cas de mort

Cette pension, qui part du jour du décès, est servie dans les conditions ci-après :

40. — Une rente viagère égale à 20 0/0 du salaire annuel de la victime est servie à son conjoint survivant non divorcé ou séparé de corps, à la condition que le mariage ait été contracté antérieurement à l'accident (art. 3, § 6). Pension au conjoint.

Ainsi la veuve non divorcée ou séparée de corps d'un ouvrier gagnant 1,000 fr. par an, recevra 200 fr.

En cas de nouveau mariage, le conjoint cesse d'avoir droit à la rente mentionnée ci-dessus et il lui est alloué en ce cas le triple de cette rente à titre d'indemnité totale une fois payée. Ainsi la veuve qui recevait 200 francs de rente, recevra un capital de 600 francs une fois payé (art. 3, § 7).

Pension des enfants. **41.** — Pour les enfants légitimes ou naturels reconnus avant l'accident, orphelins de père ou de mère, âgés de moins de seize ans, la rente sera calculée sur le salaire annuel de la victime à raison de 15 0/0 de ce salaire s'il n'y a qu'un enfant, 25 0/0 s'il y en a deux, 35 0/0 s'il y en a trois, et 40 0/0 s'il y en a quatre ou un plus grand nombre (art. 3, § 8).

Pour les enfants orphelins de père et de mère, la rente est portée pour chacun d'eux à 20 0/0 du salaire (art. 3, § 9).

L'ensemble de ces rentes ne peut, dans le premier cas, dépasser 40 0/0 du salaire, et 60 0/0 dans le second (art. 9, § 10).

Ainsi, supposons un ouvrier ayant un salaire annuel de 1,000 francs :

S'il laisse une veuve et un enfant, cet enfant aura une pension de........................ F. 150

S'il laisse une veuve et deux enfants, ces deux enfants auront ensemble..................... 250

S'il laisse une veuve et trois enfants, ces trois enfants auront ensemble.................... 350

S'il laisse une veuve et quatre enfants ou plus, l'ensemble de ces enfants aura............. 400

Si sa femme était prédécédée et si, par conséquent, ces enfants se trouvent orphelins de père et de mère, la pension sera pour un enfant de........ F. 200

Pour deux enfants, de.................... 400

Pour trois enfants et plus, de............ 600

La part de ceux des enfants qui viendront à décéder ou à atteindre leur seizième année accroîtra aux survivants.

42. — Si la victime n'a ni conjoint ni enfant, cha- Pension des ascendants ou descendants cun des ascendants qui était à sa charge recevra, sa vie durant, une pension à 10 0/0 du salaire annuel de la victime.

Chaque descendant qui était à sa charge recevra aussi 10 0/0 du salaire annuel de la victime jusqu'à ce qu'il atteint l'âge de seize ans.

Mais le montant total des rentes ainsi allouées ne pourra pas dépasser 90 0/0 du salaire, et la rente des décédés n'accroît pas aux autres (art. 9, §§ 11 et 12).

43. — Les ouvriers et employés victimes d'acci- Caractère forfaitaire des indemnités. dents du travail ne peuvent rien réclamer au patron au delà des indemnités fixées par la loi.

44. — Toute convention contraire à la loi du Interdiction de transiger sur le montant des indemnités. 9 avril 1898, c'est-à-dire tout arrangement ayant pour but de changer le taux et le mode des indem- nités, est déclaré nulle de plein droit (art. 9 de la loi).

45. — Lorsqu'il est prouvé que l'accident est dû à Majoration de l'indem- nité en cas de faute inexcusable du patron. la faute inexcusable du patron ou de ceux qu'il s'est substitué dans la direction, le tribunal a le droit de majorer les indemnités fixées par la loi, mais sans que la rente ou le total des rentes puisse dépasser soit la réduction, soit le montant du salaire annuel (art. 20, § 9).

46. — De même, le tribunal a le droit de diminuer Diminution de l'indem- nité en cas de faute inexcusable de l'ouvrier. indéfiniment l'indemnité allouée par la loi, s'il est prouvé que l'accident est dû à une faute inexcusable de l'ouvrier.

47. — Il aurait même le droit de la supprimer Suppression d'indemnité en cas de faute inten- tionnelle. entièrement s'il était établi que l'accident est dû à une faute intentionnelle de l'ouvrier (art. 20, § 1).

48. — Les employés ou ouvriers dont le salaire annuel dépasse 2,400 francs ~~par an~~, ne bénéficient des dispositions de la loi du 9 avril 1898 que jusqu'à concurrence de cette somme.

Réduction de l'indemnité pour les ouvriers gagnant plus de 2.400 fr. par an.

Pour le surplus, ils n'ont droit qu'au quart des indemnités stipulées à l'article 9, à moins de conventions contraires quant au chiffre de la quotité (art. 2, § 2).

Ainsi, un ouvrier ayant un salaire de 3,600 francs par an, ne recevra, en cas d'incapacité absolue et permanente de travail à la suite d'accident, que les deux tiers de 2,400 francs, soit...... F. 1,600

plus un quart des deux tiers de 1,200 francs,

soit...................................... 200

En tout....F. 1,800

CHAPITRE V

Paiement des rentes; cas de rachat.

Paiement trimestriel des rentes.

49. — Les rentes constituées en vertu de la loi sur les accidents du travail sont payables par trimestre et à termes échus (art. 9, § 13).

Lieu et formalités de paiement des rentes.

50. — Elles sont payées, suivant le droit commun, au domicile du débiteur.

Le titulaire doit seulement justifier de son existence et de son identité.

Incessibilité et insaisissabilité des rentes.

51. — Les rentes constituées au profit des victimes des accidents du travail ou de leurs ayants droit sont incessibles et insaisissables, c'est-à-dire qu'on ne peut ni en céder le montant à des tiers ni le frapper de saisie-arrêt (art. 3, § 19).

Interdiction en principe du rachat des rentes.

52. — Les rentes allouées par la loi sur les accidents du travail ne peuvent pas, en principe, être rachetées. On va voir, ci-après, les seules exceptions à cette règle.

53. — Les rentes peuvent être rachetées quand elles ne sont pas supérieures à 100 francs.

54. — Le conjoint, ou autrement dit la veuve, qui se remarie, perd son droit à la rente dont elle était bénéficiaire et reçoit, en échange, un capital, une fois payé, égal à trois fois le montant de cette rente.

55. — Le chef d'industrie n'est tenu de servir la rente allouée à des ouvriers de nationalité étrangère qu'autant que ceux-ci résident sur le territoire français.

S'ils quittent ce territoire, le chef d'industrie se libère envers eux par le paiement, en une fois, d'un capital égal à trois fois le montant de la rente.

56. — Les représentants de l'ouvrier étranger, c'est-à-dire son conjoint, ses enfants, ses ascendants ou descendants, n'ont droit à aucune indemnité si, au moment de l'accident, ils ne résident pas sur le territoire français (art. 3, § 15).

57. — Les parties peuvent toujours convenir, après détermination du chiffre de l'indemnité due à la victime d'un accident, que le service de la pension sera suspendu et remplacé, tant que l'accord subsistera, par tout autre mode de réparation.

Ainsi, il pourra être convenu que la victime ne recevra pas sa rente tant qu'elle occupera l'emploi de concierge, par exemple (art. 21).

58. — Lors du règlement définitif de la rente, c'est-à-dire après l'expiration du délai de revision prévu à l'article 19, la victime peut demander que le quart au plus du capital nécessaire à l'établissement de cette rente, calculé d'après les tarifs dressés pour les victimes d'accidents par la Caisse des retraites pour la vieillesse, lui soit attribué en espèces (art. 9, § 1er).

59. — L'article 9, paragraphe 20, de la loi accorde aussi à la victime, à l'expiration du délai de revision, c'est-à-dire après trois ans écoulés depuis l'allocation de l'indemnité, la faculté de demander que le capital représentatif de sa rente, diminué ou non du quart par l'exercice de la faculté précédente, serve à constituer sur sa tête une rente viagère reversible par moitié au plus sur la tête de son conjoint.

Faculté de reversibilité d'une partie de la rente sur le conjoint.

Dans ce cas, la rente de la victime sera diminuée de façon qu'il ne résulte de la reversibilité aucune augmentation de charge pour le chef d'industrie.

Ce dernier paiera moins de pension au mari, mais continuera de payer une pension à la femme après le décès du mari.

CHAPITRE VI

Garantie du paiement des indemnités.
Demi-salaire de maladie; frais médicaux, frais funéraires.

60. — Pour garantir aux victimes d'accidents ou à leurs ayants droit le paiement de leur demi-salaire en cas d'incapacité temporaire de travail et le remboursement des frais médicaux, pharmaceutiques et funéraires, la loi leur accorde, sur les biens du patron ou chef d'industrie, le privilège de l'article 2101 du Code civil.

Garantie du demi-salaire de maladie et des frais médicaux et funéraires.

La victime de l'accident doit d'abord faire rendre par le juge de paix du lieu de l'accident un jugement condamnant le patron au paiement de ce demi-salaire et de ces frais, puis poursuivre ce patron par les voies ordinaires de droit. Elle a, pour cela, le bénéfice de l'assistance judiciaire.

61. — Les auteurs de la loi du 9 avril 1898 ont voulu que l'ouvrier blessé ou ses ayants droit fussent toujours assurés de recouvrer le montant des rentes à eux allouées en cas d'incapacité permanente de travail, partielle ou absolue, et en cas de mort. Garantie du paiement des rentes allouées en cas d'incapacité permanente et en cas de mort.

En conséquence, si l'ouvrier ou ses ayants droit ne sont pas payés au moment de leur exigibilité des arrérages de la pension à eux allouée, c'est la Caisse nationale des retraites pour la vieillesse qui les paie et qui exerce ensuite son recours contre le patron, la Compagnie d'assurance à laquelle celui-ci était assuré, ou le Syndicat de garantie dont il faisait partie.

62. — Pour permettre à la Caisse nationale des retraites de se couvrir des paiements d'arrérages par elle faits aux titulaires de pensions pour accidents du travail, la loi, a, par son article 35, constitué un fonds de garantie, au moyen du produit de quatre centimes ajoutés au principal de la contribution des patentes des industriels autres que les chefs d'exploitations agricoles, qui emploient des ouvriers. Formation d'un fonds de garantie.

En conséquence, si après avoir exercé un recours contre le chef d'industrie ou son assureur, la Caisse nationale des retraites ne parvient pas à rentrer dans ses avances, elle puisera dans ce fonds de garantie le montant des sommes par elle déboursées.

63. — Les conditions mises au paiement des titulaires de rentes par la Caisse des retraites de la vieillesse, sont réglées par le titre premier du décret du 28 février 1899. Elles peuvent se résumer ainsi. Conditions de paiement par la Caisse des retraites

64. — Le bénéficiaire d'une indemnité liquidée, en vertu de l'article 16 de la loi du 9 avril 1898, qui n'aura pu obtenir paiement lors de leur exigibilité, Déclaration au maire par le bénéficiaire.

des sommes qui lui sont dues, devra en faire la déclaration au maire de la commune de sa résidence (art. 1ᵉʳ du décret).

Cette déclaration, qui est faite par le bénéficiaire lui-même, ou par son représentant légal, ou par son mandataire, est exempte de tous frais (art. 2).

Elle indique : 1º les nom, prénoms, âge, nationalité et domicile du bénéficiaire ; 2º les nom et domicile du chef d'entreprise débiteur ou l'indication du siège de la société d'assurances ou du syndicat de garantie qui aurait dû acquitter la dette à son lieu et place ; 3º la nature de l'indemnité et le montant de la créance réclamée ; 4º l'ordonnance ou le jugement en vertu duquel agit le bénéficiaire, et 5º le cas échéant, les nom, prénoms, profession et domicile du représentant légal ou du mandataire du bénéficiaire (art. 3).

Le maire transmet la déclaration au Directeur de la Caisse des dépôts et consignations. 65. — Le maire fait signer la déclaration par le déclarant et y joint toutes les pièces qui lui sont remises par celui-ci pour établir l'origine de la créance, ses modifications ultérieures et le refus de paiement opposé par le débiteur (art. 4).

Puis il donne récépissé du tout au déclarant et transmet le tout dans les vingt-quatre heures au Directeur général de la Caisse des dépôts et consignations (art. 15).

Le juge de paix convoque le débiteur. 66. — Le Directeur général de la Caisse des dépôts et consignations adresse, dans les quarante-huit heures à partir de sa réception, le dossier, composé comme il vient d'être dit, au juge de paix du domicile du débiteur pour qu'il convoque celui-ci devant lui (art. 16).

Le juge de paix convoque le débiteur devant lui par une lettre recommandée.

S'il comparaît, il lui donne connaissance de la

réclamation et consigne dans un procès-verbal les observations du comparant.

Si celui-ci ne conteste ni la réalité ni le montant de la créance, le juge de paix l'invite à s'acquitter par-devant lui, ou à expédier l'argent au réclamant par un mandat-carte qui devra être communiqué au juge de paix (art. 6)..

Si le débiteur s'exécute, le juge de paix constate sa libération dans son procès-verbal (art. 8).

Si, tout en reconnaissant la réalité et le montant de la dette le débiteur demande un délai, le juge de paix peut, suivant les motifs invoqués, lui accorder jusqu'à un mois. Ce magistrat dresse alors un procès-verbal constatant cette reconnaissance et contenant l'engagement de payer au jour indiqué entre les mains de la Caisse des dépôts et consignations ou de ses préposés (art. 9).

Si le comparant conteste sa dette ou ne la reconnaît que partiellement, le juge de paix en dresse procès-verbal et invite, le cas échéant, le comparant à payer ce dont il se reconnaît débiteur, tous droits restant réservés pour le surplus (art. 11).

Dans le cas où le débiteur ne comparaît pas, le juge de paix recherche s'il n'a pas changé de domicile, s'il a cessé son industrie, s'il n'a pas été mis en liquidation ou en faillite, ou bien s'il n'est pas décédé, et à qui est échue sa succession.

Il dresse de tout cela un procès-verbal (art. 11).

Dans les deux jours qui suivent la clôture de son procès-verbal, quel qu'en soit le contenu, le juge de paix l'adresse avec tout le dossier au directeur général de la Caisse des dépôts et consignations.

67. — Dès la réception du dossier, s'il résulte du procès-verbal du juge de paix que la dette est bien

La Caisse des dépôts et consignations paie le bénéficiaire.

réelle et la réclamation bien légitime, le Directeur général remet au réclamant ou lui adresse par mandat-carte la somme à laquelle il a droit; il paie de même les frais du greffier du juge de paix (art. 13).

Dans le cas, au contraire, où les motifs invoqués par celui auquel la réclamation s'adresse pour refuser le paiement paraissent fondés ou si la réclamation ne paraît pas suffisamment justifiée, le Directeur général de la Caisse des dépôts et consignations renvoie le dossier au réclamant par l'intermédiaire du maire, en lui laissant le soin d'agir contre la personne dont il se prétend créancier conformément aux règles du droit commun.

La Caisse des dépôts et consignations se fait rembourser. 68. — Le recours en remboursement des sommes payées est exercé par le Directeur général de la Caisse des dépôts et consignations (art. 15).

Dans les cinq jours qui suivent le paiement fait au bénéficiaire par la Caisse des dépôts et consignations ou bien à l'expiration du délai accordé au débiteur par le juge de paix pour se libérer, le Directeur général de la Caisse des dépôts et consignations invite le débiteur, par une lettre recommandée, à se libérer dans la quinzaine du montant des sommes payées pour son compte (art. 16).

A l'expiration de ce délai de quinzaine, si le débiteur ne s'est pas libéré, le Directeur général de la Caisse des dépôts et consignations délivre une contrainte contre lui (art. 17).

Cette contrainte, rendue exécutoire par le juge de paix du domicile du débiteur, est signifiée à ce débiteur par ministère d'huissier avec commandement de payer (art. 18).

Si le débiteur fait opposition à la contrainte, elle est jugée dans les formes et délais déterminés par l'article 65 de la loi du 22 frimaire an VII, comme en matière d'enregistrement.

CHAPITRE VII

Résumé des droits de l'ouvrier blessé.

69. — I. En cas d'accident entraînant incapacité temporaire :

1° Droit au demi-salaire à partir du cinquième jour après l'accident;

2° Droit aux soins médicaux et pharmaceutiques à partir aussi de ce cinquième jour;

3° Droit de faire citer, avec l'assistance judiciaire, le patron devant le juge de paix pour le faire condamner par un jugement sans appel au paiement de ce demi-salaire et de ces frais médicaux et pharmaceutiques.

70. — II. En cas d'accident entraînant incapacité permanente, mais partielle :

1° Droit au demi-salaire à partir du cinquième jour après l'accident;

2° Droit aux soins médicaux et aux remèdes;

3° Droit, au besoin, à se faire allouer une indemnité provisionnelle, par exemple pour une opération chirurgicale ou une cure d'eaux;

4° Droit, à partir du jour où la blessure est consolidée et la situation définitive du blessé bien déterminée, à une rente égale à la moitié de la réduction que l'accident a fait subir au salaire annuel.

71. — III. En cas d'accident entraînant incapacité permanente et absolue :

1º Droit au demi-salaire à partir du cinquième jour après l'accident;

2º Droit aux soins médicaux et aux médicaments;

3º Droit, au besoin, à se faire allouer une indemnité provisionnelle, par exemple pour une opération chirurgicale ou une cure d'eaux;

4º Droit à une rente égale aux deux tiers du salaire annuel.

Droits pour les ayants droit du blessé en cas de mort. **72. — IV. En cas d'accident mortel :**

1º Droit aux frais funéraires jusqu'à concurrence de 100 francs;

2º Droit pour le conjoint survivant ou la veuve à une rente viagère égale à 20 0/0 du salaire annuel;

3º Droit pour les enfants légitimes ou naturels reconnus avant l'accident et âgés de moins de seize ans :

A. S'ils sont orphelins de père ou de mère, à une rente payable jusqu'à l'âge de seize ans, de 15 0/0 du salaire annuel s'il n'y a qu'un enfant, 25 0/0 s'il y en a deux, 35 0/0 s'il y en a trois, 40 0/0 s'il y en a quatre ou plus, sans que l'ensemble de ces rentes dépasse 40 0/0;

B. S'ils sont orphelins de père et de mère, à une rente payable jusqu'à l'âge de seize ans, égale à 20 0/0 du salaire pour chacun d'eux sans que l'ensemble des rentes leur revenant dépasse 60 0/0;

4º Droit pour les ascendants et descendants qui étaient à la charge du blessé, si celui-ci ne laisse ni conjoint ni enfants, à une rente viagère de 10 0/0 du salaire pour chacun des ascendants et à une rente payable jusqu'à l'âge de seize ans seulement de 10 0/0 du salaire pour chacun des descendants.

Bordeaux. — Imp. G. GOUNOUILHOU, rue Guiraude, 11.

www.ingramcontent.com/pod-product-compliance
Lightning Source LLC
Chambersburg PA
CBHW060519210326
41520CB00015B/4241